AF460099

AUX COMMERÇANTS.

# LES ABUS
## QUE DES HUISSIERS COMMETTENT
SUR
# LA TAXE DES PROTÊTS,
## ET DES DÉNONCIATIONS DE PROTÊT
AVEC ASSIGNATIONS;

PAR

J. B. CARRET,

AUTEUR DU TRAITÉ SUR LES TARIFS DES HUISSIERS, QUI A REÇU LES SUFFRAGES DE MM. LES MAGISTRATS.

Plus de prix de course. . . .
c'est un vol, et même un crime !

DEUXIÈME ÉDITION.

PARIS,
CHEZ L'AUTEUR, RUE DE LANCRY, 33 BIS.

1848.

Imprimerie de J. Smith, rue Fontaine-au-Roi, 14 ter.

# PRÉFACE.

En faisant paraître ce petit livre, je réponds au désir de beaucoup de commerçants, dont un grand nombre possède déjà mon Traité sur les tarifs des huissiers.

Ce petit ouvrage spécial sur la taxe des protêts et des dénonciations de protêt avec assignations n'est point un extrait proprement dit de mon Traité, mais un ouvrage tout à fait nouveau par sa spécialité pour le département de la Seine.

J'ai expliqué et démontré par détail ce qui est légalement dû pour le coût d'un protêt, et dénonciation de protêt, et j'ai, en outre, signalé *un à un* tous les abus que des huissiers commettent sur cette taxe, en créant, contrairement au tarif, des prétendus droits qui ne leur sont point dus, tels, par exemple, que *la course*, soit pour la présentation d'un effet, pour transport, ou pour des besoins indiqués par les endosseurs, etc., et ce, afin de faire payer aux commerçants le coût des protêts depuis 8 à 14 ou 16 fr. 85 c., tandis qu'il n'est réellement dû, pour les huissiers qui demeurent dans Paris, que 6 fr. 30 c.! Et pour les huissiers qui demeurent hors barrières et dans les cantons ruraux, que 5 fr. 55 c.!

Pour les dénonciations de protêt, les frais ne devraient s'élever, qu'à 6, 7, 8 ou 9 fr. et des centimes; ces mêmes huissiers les portent à 11, 12, 14, 16 et même 18 fr., ayant toujours soin d'y ajouter des centimes pour faire croire qu'ils ont bien fait le détail du coût de l'acte !

J'ai aussi signalé toutes les supercheries de certains huissiers pour les frais de protêts illégalement faits, et autres frais ; et dans tous les cas, j'ai indiqué le moyen d'arrêter de pareils abus. En un mot, ce petit ouvrage, pour sa spécialité, ne laisse rien à désirer.

MM. les Magistrats qui ont honoré mon Traité de leurs suffrages, ont pensé comme moi que cet ouvrage mettrait à même les commerçants d'acquérir les connaissances nécessaires sur les lois usuelles pour les recouvrements, à l'effet de ne plus se laisser tromper par des huissiers indélicats, comme ils l'avaient été auparavant.

Aussi j'apprends tous les jours avec plaisir que les commerçants qui le possèdent, font des progrès dans cette partie de notre droit français ; non seulement ils ne se laissent plus tromper, mais ils font restituer des sommes aux huissiers qui ne se conforment point aux tarifs.

Le petit ouvrage que je fais paraître aujourd'hui, leur viendra encore en aide, et même d'une manière salutaire pour tout ce qui concerne les protêts..

AUX COMMERÇANTS.

# LES ABUS
## QUE DES HUISSIERS COMMETTENT
SUR
## LA TAXE DES PROTÊTS.

## PREMIÈRE PARTIE.

### COMMENT LE PROTÊT DOIT-IL ÊTRE FAIT?

Le protêt est l'acte par lequel un huissier constate le refus d'acceptation ou de paiement d'une lettre de change, d'un mandat ou d'un billet à ordre.

Il y a des huissiers, en faisant ces actes, qui commettent les fautes les plus répréhensibles; ils éludent la loi sur tous les points, malgré ses prescriptions rigoureuses.

*Suivant la loi*, le porteur d'une lettre de change,

d'un mandat ou d'un billet à ordre, doit en demander le paiement le jour de l'échéance (*Code de commerce, art.* 161). C'est pour cela que le porteur ou créancier présente ou fait présenter son titre ce jour-là au domicile élu pour le paiement, et s'il n'y en a pas, au domicile du débiteur.

L'article 162 du même Code dit que le refus de paiement doit être constaté *le lendemain du jour de l'échéance*, par un acte de protêt; que si ce jour est un jour férié légal, le protêt est fait le jour suivant.

Il résulte de la combinaison de ces deux articles 161 et 162 que le débiteur a toute la journée de l'échéance pour payer, c'est-à-dire jusqu'à *minuit*; que par conséquent le porteur ou créancier peut attendre pour présenter son titre au lendemain de l'échéance, puisque la loi n'attache aucune peine pour ne l'avoir point présenté ou fait présenter le jour même.

Le débiteur ne doit aucune *course* à celui qui présente l'effet, lors même qu'il serait *huissier*, soit qu'il en effectue le paiement ou non. C'est au porteur ou créancier à payer la *course* de son commissionnaire. (*Voyez ci-après* LES ABUS *qui se commettent à ce sujet et les moyens de les arrêter.*)

Si le porteur ou le créancier, après s'être bien assuré dans son intérêt du refus de paiement, remet le titre à l'huissier pour le protester, cet officier ministériel doit préparer dans son étude l'original et la copie du protêt. Ensuite il se transporte au domicile où l'acte doit être signifié, et là, assisté de deux témoins, il exhibe l'effet au maître de la maison, ou, en son absence, à la personne qui le représente. Si l'on paye, il ne laisse point la copie du protêt; il remet seulement le titre acquitté en échange de la somme, et il ne peut rien exiger de plus du débiteur.

L'huissier, en remettant les fonds au porteur ou créancier, lui représente l'original et la copie préparés du protêt, qu'il n'a pu signifier, puisqu'on a payé, et il se retient ce qui lui est dû pour écritures et papier, savoir :

Pour les huissiers qui demeurent dans Paris : original, 2 francs; copies du titre sur l'original et la copie, 50 c., et papier, 70 c. En tout 3 francs 20 centimes.

Et pour les huissiers qui demeurent hors les barrières de Paris et dans tout le département de la Seine : original, 1 fr. 50 c.; copies du titre sur l'original et la copie, 40 c., et papier, 70 c. En tout 2 francs 60 centimes.

Il n'est rien dû de plus à l'huissier, ni pour la copie de l'acte, ni pour ses témoins. (*Art.* 65 *du tarif*, § 3.)

Cependant si l'huissier de Paris s'était transporté à six kilomètres de la cathédrale de Paris, et l'huissier du canton à six kilomètres du clocher du chef-lieu du canton, lors même qu'il demeurerait dans un autre village, il pourrait se retenir, en outre de ce qui vient d'être fixé, une indemnité de voyage de 4 francs, due à tous les huissiers, sans distinction de localité, qui vont à cette distance pour signifier les copies de leurs actes. (*Art.* 66 *du tarif.*) Le porteur ou créancier dans ce cas aurait à s'imputer la faute de n'avoir point choisi un huissier qui n'aurait eu aucun droit à une indemnité de voyage, puisqu'à cinq kilomètres cette indemnité ne lui serait point due. (*Voyez le tableau des distances légales du département de la Seine, à la suite de mon Traité sur les tarifs des huissiers.*)

*Il est de principe incontestable en droit* que quand le créancier, lors même qu'il aurait réclamé plusieurs fois la somme qui lui est due au domicile où elle est payable, envoie un huissier quérir cette somme, si l'on paye aussitôt que l'huissier se présente avec l'acte préparé, cet officier ministériel doit recevoir la somme et en donner valable quittance; mais pour les frais qui peuvent lui être dus, ils sont à la charge du créancier. (*Voyez mon Traité sur les tarifs des huissiers*, *page* 293.)

Si l'effet n'est point soldé, l'huissier doit s'informer si le souscripteur du billet est présent; il mentionne sa réponse, et, en cas d'absence, celle de la personne à laquelle il a parlé, sur l'original et la copie de l'acte; il délivre la copie en présence de ses assistants ou témoins. *Voilà la loi.*

Voilà comme l'huissier consciencieux doit procéder pour les actes de protêt, qui sont les plus essentiels de son ministère, s'il ne veut pas s'exposer à la destitution prévue par l'article 176 du Code de commerce, ainsi conçu :

« *Les huissiers sont tenus*, *à peine de destitution*, *dépens*, *dommages-intérêts envers les parties*, *de laisser copie exacte des protêts*, » et de les inscrire en entier, jour par jour et par » ordre de dates, dans un registre particulier, » coté, paraphé et tenu dans les formes prescrites » pour les répertoires. »

Mais il y a des huissiers qui ne se conforment ni à la loi ni au tarif. Comptant sur l'ignorance que les commerçants ont des lois, ils ne procèdent que selon leur caprice, et mettent de côté tous sentimens d'honneur et de devoir pour servir leur intérêt personnel et sordide. Il en résulte de graves abus. Tout n'est qu'arbitraire!

Voici les abus qu'ils commettent et la manière dont ils agissent.

## PREMIER ABUS.

### DÉFAUT DE PRÉSENTATION DE L'EFFET.
### PROTÊT NUL.

Le protêt d'un effet de commerce non-présenté par l'huissier au domicile du paiement est *nul*. Les frais de ce protêt et tous ceux qui en sont la suite restent à la charge de l'huissier *quand le fait est constaté*.

Souvent il arrive qu'un effet de commerce se trouve protesté sans qu'il ait été présenté par l'huissier le lendemain de l'échéance au lieu où le paiement doit être fait, quoique les fonds du débiteur attendent cette présentation. Le débiteur est fort surpris de recevoir, quelque temps après, la dénonciation du protêt et du compte de retour avec assignation. Il court d'abord chez l'huissier qui a fait le protêt. On lui dit que si l'effet n'avait pas été présenté, il ne serait point protesté, que l'acte en fait foi. Il va ensuite chez l'huissier qui a fait la dénonciation, ou chez le banquier. On le renvoie à l'huissier qui a fait le protêt. Enfin il crie, il tempête, et il n'en paye pas moins 40, 50 ou 60 francs de frais, au sourire de l'huissier et du banquier!

Cependant il est facile de prévenir une pareille supercherie qui n'est souvent faite qu'aux débiteurs qui n'ont pas l'habitude de laisser protester leurs effets.

1° Si l'effet est payable à *un domicile élu*, il suffit, le lendemain du jour où le titre aurait dû être présenté par l'huissier et être protesté, que le débiteur, dans l'incertitude où il peut être de savoir si l'effet a été mis en circulation, se borne à faire constater *au domicile élu* où les fonds sont déposés, et avant de les retirer, par au moins *deux témoins irrécusables en témoignage*, qu'aucun huissier n'a présenté l'effet.

Si plus tard, la dénonciation du protêt est faite à la personne même du débiteur, celui-ci doit offrir à l'huissier *à deniers découverts*, le montant de l'effet en échange du titre, mais non les intérêts et les frais, puisque le protêt est nul, ainsi qu'il peut l'établir. Le débiteur doit inviter l'huissier à motiver ses offres sur l'original et la copie de l'acte; en cas de refus, il doit l'interpeller devant témoins à recevoir ses offres et sa déclaration.

Si c'est à une autre personne de la maison du débiteur que la dénonciation du protêt est faite, il n'y a point de déclaration à faire à l'huissier.

Dans les deux cas, le débiteur adresse une plainte motivée avec la copie de la dénonciation du protêt à M. le procureur du roi ou à M. le procureur général, contre l'huissier qui a fait le protêt (1).

2° Si l'effet est payable au domicile du débiteur, le défaut de présentation du titre est plus difficile à constater; cependant le débiteur peut, le matin du jour où l'effet doit être présenté et protesté par l'huissier, en faire part à ses voisins ou connaissances en leur faisant voir les fonds, et lorsque l'heure à laquelle la loi ne permet plus

(1) On doit affranchir les lettres ou paquets adressés aux magistrats.

aux huissiers de signifier leurs actes est arrivée (1), le débiteur représente de nouveau ses fonds aux mêmes personnes, en leur déclarant qu'aucun huissier n'a présenté l'effet.

Si plus tard une dénonciation de protêt est faite, le débiteur peut adresser une plainte à M. le procureur du roi ou à M. le procureur général, contre l'huissier qui a fait le protêt.

---

## DEUXIÈME ABUS.

### PRIX DE COURSE, CRIME DE CONCUSSION.

La course que l'huissier ou le clerc exige du débiteur, lorsqu'il présente un effet de commerce, n'est point due; en l'exigeant *il commet un crime!*

Quand le créancier ou porteur remet l'effet à l'huissier, celui-ci le présente ou plutôt le fait pré-

---

(1) Il n'est plus permis à l'huissier de signifier ses actes, savoir : après six heures du soir depuis le 1er octobre jusqu'au 31 mars; et après neuf heures du soir, depuis le 1er avril jusqu'au 30 septembre. (*Code de procédure civile, art.* 1037.)

senter par son clerc le lendemain de l'échéance au domicile élu, et s'il n'y en a point, au domicile du débiteur; si l'on paie, il exige du débiteur *deux francs* pour sa course dans le lieu de sa résidence, par exemple à Paris, et *quatre francs* hors barrières.

C'est un abus, une exaction, en un mot, c'est le crime de concussion qui rend l'huissier et le clerc passibles des peines portés en l'art. 174 du Code pénal, ainsi conçu : « Tous fonctionnaires, *tous* » *officiers publics*, *leurs commis* ou préposés » qui se seront rendus coupables du crime de » concussion, *en ordonnant de percevoir, ou en* » *exigeant, ou recevant ce qu'ils savaient n'être* » *pas dû, ou excéder ce qui était dû pour droits,* » *taxes, ou pour salaires*, seront punis, savoir : » les fonctionnaires ou *les officiers publics*, de la » peine de la réclusion, et *leurs commis* ou pré- » posés, d'un emprisonnement de deux ans au » moins et de cinq ans au plus.

» Les coupables seront de plus condamnés à » une amende dont le maximum sera le quart des » restitutions et des dommages-intérêts, et le mi- » nimum le douzième. »

Les moyens légaux pour arrêter un pareil abus et faire appliquer à l'huissier ou au clerc les peines prévues par cet art. 174 du Code pénal, sont bien simples.

Lorsque l'huissier ou son clerc présente l'effet au débiteur ou à celui qui est chargé de payer, le débiteur ou son représentant doit d'abord examiner si l'effet est acquitté, sinon le faire acquitter par l'huissier, et lui en verser de suite le montant. Si l'huissier, ou plutôt le clerc, réclame un prétendu droit de course, il lui fait observer qu'il ne lui en est point dû; s'il persiste etqu'il ne veuille remettre l'effet que contre le prix de cette course, il peut le lui payer contre un reçu motivé ainsi: « Je soussigné clerc de M. (le nom), huissier à Paris, rue de....., déclare avoir exigé et reçu de M..... la somme de *deux* ou *quatre francs* pour ma course, pour la présentation d'un effet de commerce dont il m'a soldé le montant. Fait le..., (signature du clerc). »

La plainte du débiteur avec cette quittance, adressées au procureur du roi ou au procureur général, feraient appliquer à l'huissier ou à son clerc les peines prévues par l'article du Code pénal plus haut rapporté.

Mais, disent certains commerçants qui ne connaissent que la routine de leur commerce, c'est que le clerc ne veut point donner de reçu contre

le prix de la course, et si on ne le lui paie pas, il reprend letitre et laisse l'argent en disant : « *Puisque vous ne voulez pas payer ma course, l'effet sera protesté,* » et il se sauve ! puis, pour n'avoir point voulu payer une course de *deux* ou *quatre francs*, nous sommes obligés de payer un protêt de *huit*, *dix*, *douze* ou *quatorze francs*, et si nous ne connaissons pas l'étude de l'huissier pour y porter notre argent, nous sommes forcés d'attendre la dénonciation du protêt !

Pauvres commerçants, votre ignorance des lois doit vous faire payer bien des courses et des actes frustratoires.

Eh bien, quand le clerc reprend l'effet et se sauve, si vous n'avez point de témoins près de vous, prenez l'argent, allez après lui, appelez-le et interpelez-le en présence de témoins de prendre l'argent et de vous remettre l'effet ; s'il s'y refuse, vous le contraignez, à se transporter avec vous et vos témoins devant le commissaire de police, qui constate le fait par procès-verbal et le transmet au ministère public ; ou, si vous le connaissez ainsi que son huissier, vous adressez une plainte motivée à M. le procureur du roi ou à M. le procureur général.

Une fois que vous aurez arrêté ainsi cet abus,

vous serez garanti à l'avenir de pareilles supercheries des huissiers ou clercs qui agissent de la sorte.

Nota : Les commissaires de police et dans les communes où il n'y en a point, les maires et adjoints de maire, *ne peuvent comme auxiliaires du procureur du roi, se refuser de constater par procès-verbal*, sur la réquisition d'un chef de maison, toutes contravention aux lois de la part des huissiers, et relatives à leurs fonctions.

---

## TROISIÈME ABUS.

### FRAIS ILLÉGAUX. DÉFAUT DE REMISE DE LA COPIE DU PROTÊT.

Les frais de protêt que l'huissier exige du débiteur qui paie le montant de l'effet après la présentation le lendemain de l'échéance, sans que la copie du protêt ait été remise au domicile du paiement, ne sont point dus ; *l'acte est nul*.

Lorsque l'huissier ne laisse point copie du protêt quand l'effet n'est point payé à présentation le lendemain de l'échéance, et que dans la journée le débiteur porte les fonds chez lui, il ne peut exiger les frais de protêt et d'enregistrement du titre.

Ainsi, lorsque le débiteur n'a pu remettre les fonds au domicile du paiement le jour de l'échéance et que le lendemain jour du protêt il les y porte, il doit demander si l'effet a été présenté par l'huissier, et sur la réponse affirmative, réclamer la copie du protêt. Si on lui dit que l'huissier n'a point délivré de copie, il prend deux témoins irrécusables en témoignage devant lesquels cette déclaration est réitérée par les personnes du domicile du paiement, il les conduit avec son argent chez l'huissier, et il invite ce dernier à lui remettre son titre contre le montant et sans frais.

En vain l'huissier prétexterait-il que le protêt et le titre sont à l'enregistrement, même les présenterait-il enregistrés, que l'acte serait nul comme étant *imparfait*, et serait comme s'il n'existait pas, puisque la copie n'aurait pas été délivrée. Le fait étant constaté comme je viens de le dire, l'huissier ne pourrait plus délivrer la copie du protêt après lui avoir présenté les fonds contre lesquels il doit remettre de suite le titre acquitté, lors même qu'il serait encore dans le jour de la délivrer.

*La copie d'un acte d'huissier doit toujours être délivrée le jour de sa date et avant l'enregistrement de l'acte, à peine de nullité.*

Si l'huissier, dans ce cas, persistait à exiger les frais de protêt et d'enregistrement du titre, le débiteur se retirerait avec son argent et ses témoins devant le commissaire de police, qui dresserait procès-verbal de leurs déclarations, ou s'il aimait mieux, il adresserait une plainte motivée à M. le procureur du roi ou à M. le procureur général, qui ferait appliquer à l'huissier l'art. 176 du code de commerce qui veut : que l'huissier laisse *copie exacte des protêts, à peine de destitution, dépens et dommages-intérêts envers les parties.*

---

## QUATRIÈME ABUS.

### SUR LA COPIE DU PROTÊT.

Le droit de la copie du protêt n'est point dû aux huissiers ; il est compris dans les émoluments alloués pour l'original. Les émoluments des huissiers de cantons même hors barrières, ne sont pas aussi élevés que ceux des huissiers de Paris.

Le paragraphe 3 de l'art. 65 du Tarif dit :

« L'huissier de Paris aura 2 francs pour émoluments (honoraires) d'un original de protêt, *assistants (témoins) et copie compris.* »

Malgré cette prescription formelle de la loi, des huissiers de Paris ne perçoivent pas moins un droit de 50 centimes pour la copie du protêt, copie qu'ils ne délivrent même point, non obstant l'art. 176 du code de commerce.

Comme on le verra au détail du coût du protêt, ce coût, non compris l'enregistrement du titre, est de 6 fr. 30 c., et ces huissiers le portent au moins à 6 fr. 80 c.

Les huissiers hors les barrières de Paris et dans tout le reste du département de la Seine, sont huissiers de cantons attachés aux Justices de paix, et par ce fait, il n'ont droit qu'aux émoluments (honoraires) fixés par ce paragraphe 3 pour les villes de troisième classe et les cantons ruraux, c'est-à-dire 1 fr. 50 c. pour l'original d'un protêt, *assistants (témoins) et copie compris.*

Contrairement à la loi, ils perçoivent les mêmes droits que les huissiers de Paris, tandis que le coût de leurs protêts ne devrait être que de 5 fr. 55 c., non compris l'enregistrement du titre, ils le portent aussi à 6 fr. 80 c.

Ces huissiers de cantons prétendraient-ils avoir

un privilége sur les autres huissiers des cantons de France? Non, la loi est la même pour tous. Le Tarif du 16 février 1807 est posittif; il dit : « Pour l'original à Paris 2 fr., c'est-à-dire pour les huissiers qui demeurent dans Paris. Dans le ressort 1 fr. 50 c., c'est-à-dire pour les huissiers qui demeurent hors Paris.

Le deuxième décret du même jour qui rend commun aux villes de troisième classe et cantons ruraux de France, le Tarif pour le ressort de la Cour royale de Paris, confirme ce que je viens de dire; son art. 3 est ainsi conçu : « Dans les tous tribu-« naux de première instance et les Justices de Paix « du royaume, le Tarif des frais et dépens sera le « même que celui décrété pour les tribunaux de « première instance et les Justices de Paix du res-« sort de la Cour royale de Paris, autres que *ceux* « *établis dans cette capitale.* »

Ainsi, comme un huissier ne doit recevoir que les émoluments qui lui sont attribués selon la localité où il réside, et qu'il ne peut avoir deux taxes pour la même nature d'acte, il en résulte que les huissiers des cantons ruraux du département de la Seine qui signifient des actes pour les tribunaux établis dans Paris, lors même qu'ils le signifieraient dans la capitale, ne peuvent légalement percevoir les droits des huissiers de Paris; mais seulement les droits attribués à tous les huissiers des cantons ruraux de France.

---

## CINQUIÈME ABUS

### SUR LES BESOINS INDIQUÉS PAR LES ENDOSSEURS D'EFFETS DE COMMERCE.

Il n'est point dû de course au porteur, commis, huissier ou clerc, pour ces besoins, ni aucun droit de copie de protêt à l'huissier, lors même qu'il en aurait remis réellement une à chaque domicile indiqué au besoin.

**L'article 173 du Code de commerce veut, par ces mots : « Le protêt doit être fait, — au domi- « cile des personnes indiquées *par la lettre de « change* pour la payer au besoin, » qu'il n'y ait que le tireur d'une lettre de change ou d'un mandat, ou le souscripteur d'un billet à ordre (même Code, art. 187), qui puisse indiquer sur le titre *un besoin légal, un besoin sérieux*. Ainsi tout besoin indiqué *par les endosseurs* d'un effet de commerce, soit sur le plein, soit au dos de l'effet,**

*n'est point légal;* c'est un besoin fictif dont on ne doit point s'occuper. D'où la conséquence que le porteur n'est point tenu de présenter le titre à ces domiciles fictifs, et l'huissier ne doit y avoir aucun égard, puisqu'il ne peut lui être dû aucun salaire pour les courses ou les copies de protêt qu'il signifierait à ces besoins.

La Cour de cassation et la Cour royale de Paris ont été appelées plusieurs fois à maintenir ce principe équitable établi par l'article 173, que l'agiotage et la cupidité ont toujours cherché à enfreindre.

La Cour suprême, par arrêts des 24 mars 1829 et 3 mars 1834, dit, dans les motifs d'un de ses arrêts : « Attendu qu'aux termes de l'article 173 « du Code de commerce, le porteur de la lettre « de change n'est tenu de la faire protester *qu'au « besoin indiqué par la lettre; qu'aucune loi « n'autorise les endosseurs du titre à en indiquer « le payement au besoin dans leur maison ou « ailleurs,* à l'effet de contraindre le porteur à en « faire le protêt à un lieu indiqué ; que, s'il était « loisible à l'un des endosseurs d'indiquer un be- « soin, la même faculté appartiendrait également « et nécessairement à tous, et qu'il serait absurde « de vouloir contraindre le porteur à faire pro-

« tester le titre à tous les besoins que les endos-
« seurs auraient pu indiquer, ce qui serait toute-
« fois la conséquence forcée de ce qu'il y serait
« tenu sur l'indication du besoin par l'un d'eux;
« que les endosseurs ne peuvent ainsi changer la
« nature de leur obligation, et aggraver par ce
« moyen la condition du porteur, ce qui arriverait
« si le porteur était tenu, sous peine de déchéance
« de son recours contre les endosseurs, de faire
« protester le titre, dès le lendemain de l'échéan-
« ce, sous peine d'être privé de son droit de re-
« cours contre les endosseurs, lorsque la loi lui
« donne quinzaine pour exercer son action de
« garantie contre eux; qu'en jugeant donc que le
« porteur de la lettre de change n'est pas tenu de
« la faire protester aux besoins indiqués par les
« endosseurs, sous peine de déchéance de son
« recours contre eux, le tribunal de commerce de
« Paris, loin d'avoir violé la loi, n'en a fait, au
« contraire, qu'une juste application; rejette,
« etc. »

Et la Cour royale de Paris a aussi adopté cette sage jurisprudence par deux arrêts, l'un du 16 février 1837, et l'autre du 19 mai 1841.

Ainsi, puisqu'il est constant d'après la loi et la jurisprudence que les endosseurs ne peuvent indiquer de besoins sur un effet de commerce, dès lors les frais qui seraient faits par rapport à ces besoins, doivent rester à la charge de l'huissier, sauf à se les faire payer par le porteur, si celui-ci lui a formellement donné l'ordre de les faire, mais non à la charge, ni de l'endosseur qui rembourse, ni du débiteur. Par conséquent ces frais ne doivent point faire partie des frais du protêt.

Cependant il y a des huissiers qui ne persistent pas moins à déclarer sur l'original de leur protêt qu'ils ont remis une copie à chaque besoin indiqué par les endosseurs, et ils portent dans le coût de leur protêt deux francs de plus pour chacune de ces copies qui n'existent que dans leur imagination; il y en a d'autres qui ne déclarent point avoir remis copie du protêt à ces domiciles, mais ils ne s'attribuent pas moins, dans le coût de l'acte, les deux francs par besoin indiqué, sous prétexte qu'il leur est dû *une course* pour chaque besoin. Il en résulte, pour un effet qui porte deux, trois ou quatre besoins fictifs indiqués par des endosseurs, qu'ils font payer illégalement à l'endosseur qui le rembourse, ou au débiteur, *quatre, six ou huit francs de plus par protêt !*

Cet abus est d'autant plus ruineux pour le petit commerce, que les besoins fictifs indiqués par les endosseurs se rencontrent fort souvent sur les effets de commerce ; tandis que les besoins *légaux, sérieux, indiqués par les souscripteurs, sont très-rares ;* car ceux-ci, d'après la loi et la Cour de cassation, doivent toujours être indiqués dans *le corps du titre.* Cependant l'usage en admet au bas de la signature du souscripteur ; mais au moins, dans ce cas, le besoin doit émaner *de la main du souscripteur*, quand même le corps de l'effet serait d'une autre main.

Pour arrêter cet abus, la personne lésée n'a qu'à adresser une plainte motivée, avec les protêts et les titres, à M. le procureur du roi, ou à M. le procureur général, en lui citant les arrêts plus haut rapportés.

---

## SIXIÈME ABUS.

### SUR LE DROIT DE TRANSPORT OU VOYAGE.

Il n'est point dû d'indemnité de transport (*qu'on appelle vulgairement course*) aux huissiers pour porter leurs actes, dans les rayons de cinq kilomètres (*une lieue et quart de poste*) de la cathédrale de Paris, pour les huissiers qui demeurent dans Paris; et du clocher du chef-lieu du canton, pour les huissiers de chaque canton. (*Art.* 66 *du Tarif.*) Jusqu'à cette distance les huissiers ne doivent donc point exiger ni porter de droit de transport dans le coût de leurs actes.

Le paragraphe 1er de l'article 66 du tarif de 1807, dit : « Il ne sera rien alloué aux huissiers « pour transport jusqu'à *un demi-myriamètre.* »

Un demi-myriamètre vaut cinq kilomètres (*une lieue ancienne ou une lieue et quart de poste*).

Le § 2 ajoute : Il leur sera alloué au-delà d'un demi-myriamètre et jusqu'à un myriamètre, pour aller et retour. . . . . . . . . . . 4 fr.

( D'après le tableau des distances légales établi par kilomètres, ce n'est qu'à six kilomètres qu'ils peuvent exiger ce droit de transport).

Les distances partent de la cathédrale des chefs-lieux au clocher de chaque commune, par exemple : de la cathédrale de Paris, pour tous les huissiers qui demeurent dans Paris ; de la cathédrale de Saint-Denis et de Sceaux, pour les huissiers qui demeurent dans ces deux villes ; et du clocher de chaque chef-lieu de canton, pour les huissiers qui demeurent dans le canton.

Suivant le tableau *des distances légales* du département de la Seine, dressé par ordre du gouvernement en exécution de l'art. 93 du décret du 18 juin 1811. (*Ce tableau se trouve à la suite de mon Traité sur les tarifs des huissiers*), il résulte, que les huissiers de Paris ne peuvent exiger ni porter aucun droit pour transport ou voyage *qu'on appelle vulgairement course*, dans le coût des actes de protêt et de dénonciation de protêt qu'ils signifient, non seulement dans Paris, mais encore sur tout *le territoire* des communes de la banlieue, savoir : aux *Batignolles-Monceaux*, *Montmartre*, *La Chapelle*, *La Villette*, *Belleville*, *Charonne*, *Bercy*, *Gentilly*, *Vaugirard* et *Grenelle*, parce que les clochers de ces communes, les plus éloignés de la cathédrale de Paris, ne sont qu'à cinq kilomètres (*une lieue et quart de poste*) de la cathédrale, qui est Notre-Dame.

Il en est de même pour tous les huissiers de cantons, qui se transportent dans une commune dont le clocher se trouve dans le rayon de cinq kilomètres du clocher du chef-lieu de leur canton, *quand même ces huissiers demeureraient dans une autre commune que le chef-lieu.*

Ainsi d'après le tableau *des distances légales*, les huissiers des cantons ruraux du département de la Seine, ne peuvent non plus exiger ni porter aucun droit de transport, voyage ou course, dans le coût des actes de protêt et de dénonciation de protêt, qu'ils signifient *sur le territoire* des communes ci-après, savoir :

1° Pour les huissiers du canton de Neuilly, rien non seulement sur le territoire de *Neuilly*, mais encore sur le territoire des communes d'*Auteuil*, *Clichy et Passy*, lors même que l'huissier demeurerait aux Batignolles.

2° Pour les huissiers du canton de Courbevoie, rien à *Courbevoie*, ni à *Asnières*, *Colombe*, *Nanterre*, *Puteaux* et *Suresnes*.

3° Pour les huissiers du canton de Saint-Denis, rien à *Saint-Denis*, ni à *Aubervilliers*, *La Chapelle*, *La Courneuve*, *Epinay*, *l'Isle-Saint-Denis*, *Pierrefitte*, *Saint-Ouen*, *Stains* et *Villetaneuse*.

4° Pour les huissiers du canton de Pantin, rien à *Pantin*, ni à *Baubigny*, *Belleville*, *Bondy*, *Charonne*, *Noisy-le-Sec*, le *Pré-Saint-Gervais*, *Romainville* et la *Villette*, lors même que l'huissier demeurerait à la Villette ou à Belleville.

5° Pour les huissiers du canton de Vincennes, rien à *Vincennes*, ni à *Fontenay-sous-Bois*, *Montreuil* et *Saint-Mandé*.

6° Pour les huissiers du canton de Charenton-le-Pont, rien à *Charenton-le-Pont*, ni à *Bercy*, *Charenton-Saint-Maurice*, *Créteil*, *Joinville-le-Pont*, *Maisons* et *Saint-Maur ;* lors même que l'huissier demeurerait à Bercy.

7° Pour les huissiers du canton de Villejuif, rien à *Villejuif*, ni à *Arcueil*, *Chevilly*, *Fresnes*, *Gentilly*, *Le Hay*, *Ivry* et *Vitry*.

8° Enfin, pour les huissiers du canton de Sceaux, rien à *Sceaux*, ni à *Antoni*, *Bagneux*, *Bourg-la-Reine*, *Châtillon*, *Fontenay-aux-Roses* et le *Plessis-Piquet*.

*Nota :* L'article 66 du tarif s'étend généralement à toutes les communes qui se trouvent dans le rayon de cinq kilomètres *(une lieue et quart de poste)* du clocher du chef-lieu du canton de l'huissier, lors même que la commune où il signifierait l'acte, serait *hors de son canton*, par exemple : les huissiers de Charenton-le-Pont, ne peuvent porter de droit de transport ou course dans le coût des actes qu'ils signifient à *Ivry*, *Vitry*, *Vincennes*, *Saint-Mandé* et *Charonne ;*

Et l'huissier de Vincennes, à *Bercy*, *Charenton-le-Pont* , *Charenton-Saint-Maurice* , *Nogent-sur-Marne*, *Bagnolet* et *Charonne*.

Malgré la volonté formelle du législateur prescrite par cet article 66 du tarif qui est d'ordre public, et malgré la sévérité des lois pénales qui planes sur la tête de tout officier ministériel qui se rendrait coupable du crime de concussion en contrevenant à ce réglement, il y a cependant des huissiers qui portent audacieusement et ostensiblement *quatre francs* pour transport ou course, dans le coût de chaque acte qu'ils signifient dans les communes citées plus haut.

C'est un abus ruineux pour le commerce, mais facile à réprimer en adressant une plainte et les actes à M. le procureur du roi ou à M. le procureur général, avec les observations nécessaires.

---

## SEPTIÈME ABUS.

### SUR LE PRIX DE COURSE QUAND IL Y A PROTÊT.

L'huissier ou le clerc ne doit point exiger de course du créancier ou porteur, ou de l'endosseur qui rembourse, quand il y a protêt.

Il y a des huissiers ou plutôt des clercs qui tiennent tellement à obtenir le prix de la course pour les protêts, que quand ils n'osent point le porter dans le coût de l'acte, ils ont l'audace, lorsqu'il y a protêt, et souvent avant de remettre les pièces au créancier ou porteur, d'aller lui demander cette course, sous le prétexte que c'est à lui à la payer, puisque le débiteur ne l'a point fait. Les créanciers ou porteurs de titres ne doivent point se laisser prendre à ce piége dans l'espoir de faire supporter cette course à leur débiteur, ce qui ne serait point loyal. Même, lorsqu'ils paient les frais du protêt à l'huissier, ils doivent faire attention s'il ne fait pas figurer cette course dans le coût de l'acte; car, le débiteur n'est tenu de leur rembourser que les frais du protêt fixés selon le tarif, et il peut laisser à leur charge ce qu'ils auraient payé d'illégal à l'huissier.

Les huissiers ne peuvent réclamer pour les actes qu'ils font, *que les émoluments fixés par le tarif et leurs déboursés;* et, s'ils touchent les frais du débiteur, ils ne peuvent rien exiger du créancier.

*Les émoluments* sont alloués à l'huissier, non seulement pour rédiger l'original de ses actes et en faire les copies, mais encore pour les signifier, sans aucun droit de course ni de transport en matière civile et commerciale, dans les communes à cinq kilomètres *(une lieue et quart de poste)* de la cathédrale de sa résidence, puis les faire enregistrer et inscrire sur son répertoire, sans qu'il puisse exiger d'autres droits. (Cour royale de Colmar, du 24 octobre 1807. — *Voyez mon Traité sur les tarifs des huissiers.)*

## HUITIÈME ABUS.

### SUR LES FRAIS.

Le débiteur ne doit que les frais prévus par le Tarif, et légalement faits.

Lorsque le débiteur solde après protêt, il y a des huissiers ou des créanciers qui profitent de son ignorance pour lui faire payer, en outre des frais de protêt, qui sont souvent exagérés, d'autres frais qu'ils ne portent *qu'en chiffres ou sous des dénominations illisibles*, tels que course, remise de pièces, correspondance, etc., en un mot des prétendus frais qui n'existent que dans leur imagination.

Il faut que le débiteur sache qu'il ne doit, contre la remise du titre, les originaux de tous les actes et l'état des frais quittancé, 1° que le principal du titre; 2° les frais du protêt, lorsqu'il est fait *con-*

*formément à la loi*, 3° et les intérêts du capital depuis le protêt ;

S'il y a un compte de retour, les frais de ce compte de retour dans lequel sont compris les frais du protêt ;

Et s'il y a eu dénonciation de protêt avec assignation, les frais de cet acte selon le tarif. (*Voyez mon Traité sur les tarifs des huissiers.*)

# LA TAXE DES PROTÊTS.

## DEUXIÈME PARTIE.

### TARIF

#### DÉCRÉTÉ LE 16 FÉVRIER 1807.

ARTICLE 65, PARAGRAPHE 3.

**Par chaque original de protêt, intervention à protêt, et sommation d'intervenir, *assistants et copie compris* (1),**

| | | |
|---|---|---|
| Pour les huissiers qui demeurent dans Paris . . . . . . . . . | 2 fr. | » c. |
| Et pour les huissiers des cantons ruraux du département de la Seine . | 1 | 50 |

(1) Le tarif ne comprend que l'émolument *net* des huissiers, les déboursés doivent être ajoutés (*tarif, art.* 151) pour former le coût de l'acte entier, ainsi que je le démontrerai dans le détail du coût des actes de protêt.

4

## DE L'ACTE DE PROTÊT.

Malgré les soins que le législateur a eu de fixer d'une manière assez large tous les émoluments des actes dans le tarif, des huissiers ont pensé que ceux pour l'acte de protêt, intervention à protêt et sommation d'intervenir, ne se trouvaient point taxés dans un rapport proportionné à ceux des autres actes, et, sans s'occuper du motif qui avait pu déterminer le législateur à les établir ainsi, voyant que ces actes ne leur donnaient pas autant de bénéfice que les autres actes de procédure, ils considérèrent la taxe insuffisante, et, sous ce prétexte, beaucoup d'huissiers en France ne suivent ni loi, ni tarif, pour les actes de protêt; ils se taxent à leur fantaisie; d'un acte le moins rétribué suivant eux, ils en font l'acte le plus lucratif de toute procédure : aussi, c'est à qui fera des protêts! à qui aura des maisons de banque!!

---

## DU DROIT DE COPIES DE TITRES.

Le billet à ordre, ou la lettre de change et les endossements, sont copiés en tête de l'original et de la copie du protêt. Le droit de copie de pièces est dû à l'huissier, suivant l'article 28 du tarif.

« Art. 28, § 1er. Pour les copies de pièces « qui doivent être données avec l'exploit d'a- « journement et *autres actes*, par rôle (d'ex- « pédition) contenant vingt lignes à la page et « dix syllabes à la ligne, *ou évalué sur ce pied:*

« Pour les huissiers qui demeurent « dans Paris. . . . . . . . . » fr. 25 c.
« Et pour les huissiers des cantons « ruraux du département de la « Seine . . . . . . . . . . » 20

« § 2. (*Ce paragraphe concerne les avoués.*)

« § 3. Les copies seront correctes et lisibles, « à peine de rejet de la taxe. »

Un rôle d'expédition est un feuillet de papier d'expédition de jugement qui contient vingt lignes d'écritures de chaque côté et dix syllabes à la ligne.

Chacun sait ce que c'est qu'une syllabe en terme de grammaire.

Ainsi le rôle d'expédition, étant de quarante lignes d'écritures et de dix syllabes à la ligne, contient *quatre cents syllabes*.

Il est donc facile d'évaluer dès maintenant, suivant l'article 28 du Tarif, les copies des titres, endossements et protêts, et d'en connaître le droit dans le détail du coût du protêt. Cette évaluation sera faite au grand avantage des huissiers ; car un billet à ordre, une lettre de change ou un mandat, même avec les endossements, ne contient souvent qu'un demi-rôle, tandis que je le compterai toujours pour un rôle dans le détail du coût du protêt.

Les protêts ne contiennent généralement pas plus de deux rôles de copie de pièces ; encore sont-ils les trois quarts imprimés.

Je porterai donc dans le détail du coût du protêt, savoir : le droit de *deux rôles* pour copies du titre et des endossements sur l'original et la copie du protêt ; et le droit de *trois rôles*, un rôle pour le titre et deux pour le protêt, pour l'inscription ou plutôt la transcription du protêt sur le registre de l'huissier destiné à cet effet.

Je porterai en outre dans le détail *quinze centimes* pour le papier de la transcription sur le registre. Ce débours est grandement évalué, puisque par la faculté qui est laissée aux huissiers de mettre autant de lignes à la page qu'ils le veulent, la transcription d'un protêt avec titre et endossements sur le registre ne contient pas une demi-page de papier.

---

## DÉTAIL DU COUT DU PROTÊT.

*Pour les huissiers qui demeurent dans Paris.*

| | | |
|---|---|---|
| Émoluments, (copies et assistants ou témoins compris) . . . . . . | 2 fr. | » c. |
| Copie du titre et des endossements sur l'original et la copie, *deux rôles* . . . . . . . . . . . | » | 50 |
| Transcription sur le registre, *trois rôles*, un pour le titre et deux pour le protêt . . . . . . . . | » | 75 |
| Papier, original et copie. . . . . | » | 70 |
| Papier du registre de transcription . | » | 15 |
| Enregistrement du protêt . . . . | 2 | 20 |
| Coût du protêt. | 6 fr. | 30 c. |
| A y ajouter l'enregistrement du billet à ordre à raison de 55 centimes par cent francs . . . . . . . . . | » | » |

Nota. — Voilà tout ce qui est légalement et

*équitablement* (1) dû pour les protêts simples que les huissiers de Paris font dans Paris et sur le territoire des communes de Batignolles-Monceaux, Montmartre, La Chapelle, la Villette, Belleville, Charonne, Bercy, Gentilly, Vaugirard et Grenelle.

Cependant on trouve des protêts faits dans Paris dont le coût est de 6 fr. 85 c. C'est que l'huissier a perçu, contrairement au tarif, 50 centimes pour un droit de copie du protêt (*Voyez quatrième abus, page* 21), et 5 centimes de plus qu'il ne lui est alloué au détail pour le papier du registre de transcription.

Lorsqu'il y a sur le titre des besoins indiqués *par des endosseurs*, on trouve des protêts de 8 fr. 85 c., 10 fr. 85 c., 12 fr. 85 c., etc. C'est que l'huissier a perçu *deux francs* par chaque besoin, contrairement à la loi et à la jurisprudence de la Cour de cassation et de la Cour royale de Paris. (*Voyez cinquième abus*, *page* 24.)

---

(1) Je dis *équitablement*, parce que les 75 centimes de transcription et les 15 centimes pour papier du registre de transcription ne sont portés dans le coût du protêt que *par équité. Le droit strict* ne permet pas au ministère public de les allouer aux huissiers.

Hors les barrières de Paris, dans les communes citées plus haut, on trouve des protêts faits par des huissiers de Paris dont le coût est de 10 fr. 85 c. C'est que l'huissier a perçu, en outre du droit de copie et des 5 centimes de papier de transcription, *quatre francs* pour un prétendu droit de transport ou course qui ne lui est point dû. (*Voyez sixième abus*, *page* 28.)

Et lorsqu'il y a sur le titre des besoins indiqués *par des endosseurs* (*Voyez cinquième abus*, *page* 24), on trouve des protêts dont le coût s'élève à 12 fr. 85 c., 14 fr. 85 c., 16 fr. 85 c., etc., non compris l'enregistrement du titre, tandis que le coût ne devrait toujours être que de 6 fr. 30 c.

*Pour les huissiers des cantons ruraux du département de la Seine.*

| | |
|---|---|
| Émoluments, (copie et assistants ou témoins compris) . . . . . . . | 1 fr. 50 c. |
| Copie du titre et des endossements sur l'original et la copie, *deux rôles* . . . . . . . . . . . | » 40 |
| Transcription sur le registre, *trois rôles*, un pour le titre et deux pour le protêt . . . . . . . . . . | » 60 |
| *A reporter*. . . . | 2 fr. 50 c. |

| | |
|---|---|
| *Report* | 2 fr. 50 c. |
| Papier original et copie. . . . . | » 70 |
| Papier du registre de transcription . . | » 15 |
| Enregistrement du protêt . . . . | 2 20 |
| Coût du protêt | 5 fr. 55 c. |
| A y ajouter l'enregistrement du billet à ordre à raison de 55 centimes par cent francs . . . . . . . . . | » » |

Nota. — **Comme on le voit, il n'est légalement et équitablement dû aux huissiers des cantons ruraux, pour un protêt simple, que 5 fr. 55 c.; et il y a des huissiers qui perçoivent 6 fr. 85 c. (*Voyez le quatrième abus, page* 21.)**

**Lorsqu'il y a des besoins indiqués *par des endosseurs*, voyez ce que j'ai dit plus haut pour les huissiers de Paris, et *le cinquième abus*, *page* 24.**

**Pour le droit de transport ou course qu'exigent certains huissiers, *voyez le sixième abus*, *page* 28, où j'ai indiqué toutes les communes du département de la Seine sur le territoire desquelles les huissiers de canton ne peuvent exiger une indemnité de transport ou de course.**

**D'après ces données positives, des commerçants trouveront chez eux des actes de protêt**

faits par des huissiers de cantons ruraux, dont le coût s'élève de 6 fr. 85 c. à 10 fr. 85 c., 12 fr. 85 c., 14 fr. 85 c., 16 fr. 85 c., etc., tandis qu'il n'est réellement dû que 5 fr. 55 c.

---

OBSERVATIONS. — J'ai démontré, dans le détail du coût du protêt, qu'on doit y ajouter l'enregistrement du billet à ordre à raison de *cinquante-cinq centimes* par cent francs, dixième compris. (Lois du 22 frimaire an VII, art. 69, § 2, n° 6, et 6 prairial an VII.)

*La loi du 27 ventôse an* IX, *art.* 2, dit : « La perception du droit proportionnel suit les sommes de vingt francs en vingt francs inclusivement et sans fractions. »

*L'art.* 3 ajoute : « Il ne peut être perçu moins de vingt-cinq centimes pour l'enregistrement des actes (*billet à ordre, lettre de change ou mandat*) dont les sommes ne produisent pas *vingt-cinq centimes* de droit proportionnel. »

NOTA. L'enregistrement des lettres de change et des mandats ne fait point partie *du coût du protêt*, puisque ces titres ne sont enregistrés que lorsqu'on veut agir en justice, et seulement *avant ou avec* la dénonciation du protêt. Le droit est de *vingt-sept centimes et demi* par cent francs, dixième compris. (Lois du 28 avril 1816, art. 50, et 6 prairial an VII.)

---

## DU DOMICILE INDIQUÉ AU BESOIN PAR LE SOUSCRIPTEUR DU TITRE, MAIS NON PAR LES ENDOSSEURS.

(*Voyez le cinquième abus, page* 24.)

J'ai démontré au cinquième abus, que l'esprit de l'art. 173 du Code de commerce voulait qu'il n'y eût que le souscripteur d'un effet de commerce qui pût indiquer sur le titre *un besoin légal, un besoin sérieux;* que les besoins indiqués par les endosseurs n'étaient ni légaux, ni sérieux, et qu'on ne devait y avoir aucun égard; cela est incontestable, la Cour de cassation a dit elle-même qu'il serait *absurde* de vouloir interpréter autrement l'art. 173.

La loi et la jurisprudence veulent que le *besoin sérieux* soit dans le *corps du titre;* cependant, comme je l'ai fait remarquer au cinquième abus, l'usage l'admet au bas de la signature; mais, dans ce cas, *le besoin doit être écrit de la main du souscripteur*, quand même le corps de l'effet serait écrit d'une autre main.

Comme il peut se trouver (*ce qui est toutefois assez rare*) sur des billets à ordre, des lettres de change et des mandats, outre le domicile indiqué pour le payement, un domicile indiqué *par le souscripteur* pour les payer *au besoin.*

L'art. 173 veut que le titre soit protesté au domicile du payement, et au besoin *sérieux.* qui serait indiqué par le souscripteur, le tout par un seul et même acte ; ce qui nécessiterait, dans ce cas, plusieurs copies du protêt.

Le paragraphe 3 de l'art. 65 du Tarif dit positivement que le droit de la copie du protêt est compris dans les émoluments fixés pour l'acte ; mais il est constant que le législateur n'a entendu parler que de la copie qui est signifiée au domicile du payement, et qu'il ne s'est point occupé de celle qui doit être signifiée *aux besoins légaux, sérieux, indiqués par le souscripteur du titre.* Lorsque ce cas se présente, il est donc équitable d'ajouter au détail du coût du protêt, savoir :

Pour les huissiers qui demeurent dans Paris,

25 centimes pour la copie du titre et des endossements sur cette copie du protêt ; 50 centimes (le quart des émoluments de l'original) pour le droit de cette copie de protêt ; et 35 centimes pour le papier ; en tout 1 franc 10 centimes.

Et pour les huissiers des cantons ruraux du département de la Seine, en tout 0 franc 93 cent.

Je le répète ici, souvent il y a sur les effets de commerce des besoins indiqués *par les endosseurs ;* ces besoins ne sont point légaux, ne sont point sérieux; il n'est rien dû, ni à l'huissier ni au porteur pour ces besoins, et on ne doit y avoir aucun égard. (*Voyez le cinquième abus, page* 24.)

---

## DE L'ACTE D'INTERVENTION A PROTÊT.

D'après les articles 158 et 187 du Code de commerce, les billets à ordre, lettres de change et mandats protestés peuvent être payés par tout intervenant pour le souscripteur ou le tireur, ou pour l'un des endosseurs.

Toute personne peut intervenir, lors même qu'on n'aurait point indiqué sur le titre *un besoin sérieux* en son domicile. Elle peut demander à intervenir par un acte.

S'ils se trouvent plusieurs intervenants, celui qui opère le plus de libérations est préféré. (Art. 159 du même Code.)

L'intervention et le payement se constatent *dans l'acte* de protêt ou *à la suite de l'acte.*

---

OBSERVATION IMPORTANTE. — Quand l'huissier constate l'intervention et le payement *dans l'acte de protêt*, il ne lui est rien dû pour cet acte d'intervention, attendu qu'il est de principe, en procédure, que les exploits des huissiers peuvent contenir différents actes, comme souvent ils en contiennent plusieurs en quelques lignes, sans que pour cela l'huissier puisse percevoir autant de droits que l'exploit contient d'actes ; mais seulement un seul droit par exploit et non par acte. Ce principe est incontestable, puisque le fisc ne peut percevoir le droit fixe d'enregistrement de 2 francs 20 centimes, dixième compris, *que par exploit* et non par acte contenu dans l'exploit.

Ainsi, l'huissier n'a droit aux émoluments fixés par le Tarif pour l'acte d'intervention, qu'autant que cet acte est fait séparément du protêt et à la suite du protêt ; alors, dans ce cas, le receveur perçoit 2 francs 20 centimes pour l'enregistrement de cet acte, et 2 francs 20 centimes pour celui du protêt.

Nota. Cette observation était d'autant plus nécessaire, que j'ai vu des protêts dans lesquels figurait une intervention en trois ou quatre lignes, pour laquelle l'huissier avait perçu *cinq francs*, sans que le receveur ait perçu de droit d'enregistrement pour cette intervention ; par conséquent, l'huissier avait touché, non-seulement des émoluments qui ne lui étaient point dus, mais encore des droits d'enregistrement qu'il n'avait point déboursés !

---

## DÉTAIL DU COUT DE L'ACTE D'INTERVENTION A LA SUITE DU PROTÊT.

*Pour les huissiers qui demeurent dans Paris.*

| | |
|---|---|
| Émoluments (copie et assistants ou témoins compris) . . . . . . . | 2 fr. » c. |
| *A reporter.* . . . | 2 fr. » c. |

| | | |
|---|---|---|
| *Report*. . . | 2 fr. | » c. |
| Transcription sur le registre, *un rôle* | » | 25 |
| Papier du registre de transcription . | » | 05 |
| Enregistrement de l'acte . . . . | 2 | 20 |
| Coût de l'intervention | 4 fr. | 50 c. |

*Pour les huissiers des cantons ruraux du département de la Seine.*

| | | |
|---|---|---|
| Émoluments (copie et assistants ou témoins compris). . . . . . | 1 | 50 |
| Transcription sur le registre, *un rôle* | » | 20 |
| Papier du registre de transcription . | » | 05 |
| Enregistrement de l'acte . . . . | 2 | 20 |
| Coût de l'intervention | 3 fr. | 95 c. |

---

## DE L'ACTE DE SOMMATION D'INTERVENIR.

**La déclaration qu'une personne fait dans le protêt de vouloir intervenir pour le compte du tireur ou de l'un des endosseurs, n'occasionne aucuns frais. C'est le principe que j'ai développé dans l'acte d'intervention à protêt, aux mots :** ***Observation importante.***

Cette déclaration peut toujours être faite dans le protêt par la personne qui veut intervenir, lors même que l'acte d'intervention est fait à la suite du protêt.

Mais si cette déclaration d'intervenir était faite *par acte séparé* au porteur du titre ou à l'huissier chargé de faire le protêt, on rentrerait sous la puissance du § 3 de l'art. 65 du tarif, qui fixe les émoluments de cet acte. C'est le cas dont je m'occupe ici.

Ce paragraphe dit : « *Pour chaque original de sommation d'intervenir*, etc. »

On voit que l'intention du législateur ne peut souffrir de doute, qu'elle veut que le tarif ne soit appliqué qu'autant que la sommation d'intervenir ou pour intervenir à protêt serait faite *par acte séparé.* Mais les frais de cet acte, lequel toutefois se rencontre rarement dans les relations commerciales, doivent toujours rester à la charge de la personne qui a intérêt à intervenir ou à faire intervenir, et ils ne peuvent être portés dans les frais du protêt et de l'acte d'intervention, qui sont à la charge du débiteur.

---

## DE L'ACTE DE PROTÊT AVEC PERQUISITION.

### ARTICLE 65, PARAGRAPHE 4.

*Pour l'original d'un protêt avec perquisition, assistants et copie compris.*

| | |
|---|---|
| Pour les huissiers qui demeurent dans Paris . . . . . . . . . | 5 fr. » |
| Et pour les huissiers des canton ruraux du département de la Seine . | 4 » |

Ce paragraphe ne parleque d'une copie; cependant il y a des huissiers qui en donnent toujours plusieurs et perçoivent pour chacune le quart des émoluments fixés pour l'original. C'est un abus! Une seule copie doit être délivrée, dont le droit est compris dans les émoluments de l'acte; les autres copies que l'huissier affiche, sont inutiles et occasionnent des frais frustratoires qui doivent rester à sa charge.

L'huissier prétendrait-il que la loi ne trace point de mode à suivre pour exploiter en pareil cas, et qu'il doit, dans l'intérêt des parties, donner la plus grande publicité possible au protêt avec perquisition?

Je lui répondrais que ce paragraphe, en ne parlant que d'une copie, trace positivement le mode à suivre, et que, d'un autre côté, le bon sens l'indique.

Par exemple : un individu souscrit dans un lieu un billet à ordre, pour le paiement duquel il indique le domicile d'une personne dans un autre lieu ; ou bien il tire d'un lieu une lettre de change sur une personne domiciliée dans un autre lieu.

Il est de bonne foi ou de mauvaise foi, lorsque l'on ne trouve pas la personne au domicile indiqué :

De bonne foi, si cette personne a quitté son domicile, ou si par inadvertance il a été mal indiqué ;

De mauvaise foi, si c'est un nom supposé, ou si le domicile de la personne a été, avec intention, faussement indiqué.

Quand la personne a quitté son domicile, ou que le nom est supposé, ou qu'il y a fausse indication de domicile, il y a lieu, dans ces cas, *à protêt avec perquisition.*

L'huissier, pour dresser son acte de perquisition, doit prendre des renseignements, si c'est à Paris : près du concierge de la maison du domicile indiqué, des commerçants voisins de la maison, du commissaire de police du quartier et à la préfecture de police; si c'est hors Paris : dans la maison du domicile indiqué, chez les voisins, à la mairie de la commune, près du commissaire de police, s'il y en a un, et en outre, chez les hommes publics.

On voit que l'huissier doit faire toutes les recherches nécessaires pour arriver à découvrir la personne indiquée, mais, bien entendu, *sans plus de frais* que les émoluments fixés par le tarif et les déboursés. C'est à l'égard des peines qu'il peut avoir pour dresser le protêt précédé de l'acte de perquisition que le législateur a élevé les émoluments de *trois cinquièmes* en plus que ceux fixés pour le protêt simple.

D'après ces recherches, il est certainement assuré si cette personne a réellement abandonné son domicile, si elle n'existe point, ou s'il y a eu fausse indication.

Dans tous ces cas, les copies affichées peuvent-elles la faire revenir ou la faire trouver ?

Sont-elles utiles aux souscripteur, tireur ou porteur ?

Évidemment non.

Le souscripteur du billet à ordre doit faire tenir les fonds au domicile indiqué ; le tireur de la lettre de change doit, ou en faire tenir les fonds, ou s'assurer si elle sera payée ; dans tous les cas, il en connaît d'avance le résultat, s'il est de bonne foi ; à plus forte raison quand il n'agit pas loyalement.

Le porteur en est prévenu par le retour que son huissier lui fait du titre protesté.

Ainsi, je dis que ces copies sont frustratoires pour les parties, et qu'elles ne peuvent être utiles qu'à l'huissier.

Une seule copie doit donc être délivrée. Elle est remise, savoir :

Au concierge de la maison du domicile où le paiement devait être fait; s'il n'y en a pas, au principal locataire qui habite la maison, lors même que la personne désignée dans le titre aurait abandonné ce domicile, ou n'y aurait jamais demeuré, ou n'existerait point, si l'on a indiqué dans ce titre la rue et le numéro de la maison, ou si l'on y a désigné la maison par un nom particulier, tel qu'on ne puisse s'y méprendre, comme hôtel du Château-d'Eau, de Rivoli, etc. (Art. 173 du *Code de commerce.*)

Dans le cas contraire, c'est-à-dire si on n'a désigné que le lieu, et même à Paris, la rue, sans indiquer le numéro de la maison, ou sans désigner cette maison par un nom à elle propre généralement connu, la copie, dis-je, doit être remise *au procureur du roi*, quand le protêt avec perquisition est fait dans les villes où il y a un tribunal de première instance, et *au maire* dans les autres villes et communes.

Pourquoi dis-je *au maire?* Parce qu'il ne s'agit que de constater *un fait*, et que cette copie lui étant remise suffit; car on ne peut prétendre qu'il faille suivre, dans ce cas, les formes voulues par la loi pour les assignations à donner aux personnes qui n'ont aucun domicile connu en France.

---

### DÉTAIL DU COUT DE L'ACTE DE PROTÊT AVEC PERQUISITION.

*Pour les huissiers qui demeurent dans Paris.*

| | | |
|---|---|---|
| Émoluments (copie, assistants ou témoins compris). . . . . . . | 5 fr. | » c. |
| Copie du titre et des endossements sur l'original et la copie, *deux rôles* . | » | 50 |
| Droit de visa (1) . . . . . . . . . | 1 | » |
| Transcription sur le registre, *trois rôles*, un pour le titre et deux pour le protêt . . . . . . . . . . . | » | 75 |
| Papier original et copie. . . . . | » | 70 |
| *A reporter*. . . . | 7 fr. | 95 c. |

(1) Ce droit de visa n'est dû que lorsque la copie est remise au procureur du roi ou au maire. (Voyez mon *Traité sur les tarifs des huissiers*, page 224.)

| | |
|---|---|
| *Report*. . . . | 7 fr. 95 c. |
| Papier du registre de transcription . | » 15 |
| Enregistrement du protêt . . . . | 2 20 |
| Coût du protêt avec perquisition | 10 fr. 30 c. |
| A y ajouter l'enregistrement du billet à ordre, à raison de 55 centimes par cent francs. . . . . . . . | » » |

***Pour les huissiers des cantons ruraux du département de la Seine.***

| | |
|---|---|
| Émoluments, (copie et assistants ou témoins compris) . . . . . . | 4 fr. » c. |
| Copie du titre et des endossements sur l'original et la copie, *deux rôles* . | » 40 |
| Droit de visa (1) . . . . . . . . | » 75 |
| Transcription sur le registre, *trois rôles*, un pour le titre et deux pour le protêt . . . . . . . . . . | » 60 |
| Papier original et copie. . . . . . | » 70 |
| Papier du registre de transcription . | » 15 |
| Enregistrement du protêt . . . . | 2 20 |
| Coût du protêt avec perquisition | 8 fr. 80 c. |
| A y ajouter l'enregistrement du billet à ordre à raison de 55 centimes par cent francs. . , . . . . . | » » |

Nota : Voyez au besoin les quatrième, cinquième et sixième abus, pages 21, 24 et 28.

(1) Voyez la note dans le détail qui précède.

DE LA

# DÉNONCIATION DU PROTÊT, AVEC ASSIGNATION.

## TROISIÈME PARTIE.

*Code de commerce*, *articles* 164 et 187. Le porteur d'une lettre de change, d'un mandat ou d'un billet à ordre protesté, faute de paiement, le lendemain de l'échéance, peut exercer son action en garantie—ou *individuellement* (1) contre le tireur de la lettre de change ou du mandat, ou le souscripteur du billet à ordre et chacun des endosseurs; — ou *collectivement* (2) contre les endosseurs et le tireur (3), ou le souscripteur d'un

(1) *Ou individuellement*, c'est à dire contre l'un ou l'autre du tireur ou souscripteur, ou des endosseurs.

(2) *Ou collectivement*, c'est à dire contre le tireur ou souscripteur et tous les endosseurs à la fois.

(3) On appelle tireur le souscripteur de la lettre de change ou du mandat.

billet à ordre. — La même faculté existe pour chacun des endosseurs à l'égard du tireur ou souscripteur et des endosseurs qui le précèdent.

*Art.* 165 et 187. Si le porteur exerce le recours individuellement contre son cédant, il doit lui faire *notifier (dénoncer) le protêt*, et, à défaut de remboursement, le *faire citer* en jugement *dans les quinze jours* qui suivent la date du protêt, si celui-ci réside dans la distance de *cinq myriamètres (douze lieues et demie de poste)*. — Ce délai, à l'égard du cédant domicilié à plus de cinq myriamètres de l'endroit où la lettre de change, le mandat ou le billet à ordre était payable, sera augmenté d'un jour par deux myriamètres et demi excédant les cinq myriamètres.

*Observations.* Ne semblerait-il pas résulter de cet art. 165, que le porteur serait obligé de faire notifier (ou dénoncer) le protêt à son cédant ou à tous ses garants (même code, art. 167), avant de pouvoir faire donner l'assignation en jugement? Non, le législateur, malgré l'expression dont il s'est servi, n'a point eu l'intention d'en imposer l'obligation au porteur, mais seulement de lui laisser la faculté de faire dénoncer le protêt par acte séparé, si bon lui semble, avant de faire donner l'acte d'assignation en paiement; mais cette manière de procéder occasionne le double de frais. Aussi, aujourd'hui que les commerçants commencent à acquérir la connaissance de nos lois usuelles, elle n'est plus guère mise en pratique que par des agioteurs, soit par ignorance, soit dans le but de favoriser leurs huissiers d'un acte de plus au préjudice de leurs garants.

D'un autre côté, le tribunal de commerce ne tolérerait pas de pareilles poursuites surtout pour de petites sommes; il considérerait les frais comme frustratoires, et les laisserait à la charge du porteur ou créancier; il est donc de l'intérêt de ce dernier, quand il fait notifier ou dénoncer le protêt, *de toujours faire assigner ou citer en jugement par le même exploit;* c'est une économie de frais, et de plus, le véritable *sens, dans toute leur étendue,* des articles 165, 166 et 167 du Code de commerce.

**_Art._ 166. (Cet article fixe les délais pour poursuivre les tireurs et endosseurs d'effets de commerce résidant en France pour les effets qui y sont souscrits et payables hors du territoire continental de la France.)**

**_Art._ 167 et 187. Si le porteur exerce son recours collectivement contre les endosseurs et le tireur ou souscripteur, il jouit, à l'égard de chacun d'eux, _du délai_ déterminé par les articles précédents. Chacun des endosseurs a le droit d'exercer le même recours, ou individuellement, ou collectivement, dans le même délai.— A leur égard, le**

délai court du lendemain *de la date de la citation* en justice.

*Art.* 168 et 187. Après l'expiration des délais ci-dessus, — pour le protêt faute de paiement, — pour l'exercice de l'action en garantie, — le porteur de la lettre de change, du mandat ou du billet à ordre est *déchu* de tous droits *contre les endosseurs.*

*Art.* 169 et 187. Les endosseurs *sont également déchus* de toute action en garantie contre leurs cédants, après les délais ci-dessus prescrits, chacun en ce qui le concerne.

---

## NOTES ET OBSERVATIONS IMPORTANTES.

D'après les articles du Code de commerce qui précèdent, le porteur d'un effet de commerce protesté a quinze jours depuis la date du protêt pour exercer son recours contre les endosseurs ses cédants; il peut donc, s'il est humain, et souvent il y va de son intérêt, attendre dix à douze jours après le protêt avant d'en faire la dénonciation avec assignation à ses cédants et au souscripteur, car, par ce laps de temps il leur facilite le moyen de se procurer l'argent qui leur est nécessaire, et il leur conserve la bonne volonté qu'ils peuvent avoir de se libérer.

Tandisque, si aussitôt après le protêt, le porteur le fait dénoncer avec assignation et fait prendre jugement, il arrive souvent que tout en perdant son capital, il en est encore pour les frais, parce que ses débiteurs qui étaient bien disposés à faire leur possible pour payer le capital, se découragent en voyant des frais considérables; et il en résulte qu'il n'y a que l'huissier qui y trouve son avantage.

Aussi il y a des huissiers qui, lorsqu'on leur remet un titre à protester, engagent fortement le porteur à leur laisser son pouvoir à l'effet de dénoncer de suite le protêt avec assignation.

Et même il m'a été dit que certains huissiers se permettaient de dénoncer le protêt avec assignation sans en avoir obtenu le pouvoir du créancier. Je ne puis le croire; mais dans ce cas, si le créancier adressait une plainte à M. le procureur du roi ou à M. le procureur général, ces huissiers apprendraient qu'on ne se moque pas impunément de la loi et des magistrats.

Pour obvier à tous ces inconvénients, aussitôt le protêt fait, le créancier n'a qu'à le retirer des mains de son huissier et ne le lui remettre que lorsqu'il veut poursuivre ses débiteurs; il lui en donne le pouvoir ainsi : « *Bon pour pouvoir pour prendre jugement contre M.M. (les noms des débiteurs) et la date.* »

Lorsque le créancier est le bénéficiaire d'un billet à ordre, c'est-à-dire qu'il n'a point d'endosseurs ou cédants, il peut se dispenser de le faire protester à son échéance, s'il ne veut pas poursuivre de suite le souscripteur.

Quand l'huissier dénonce le protêt avec assignation à plusieurs endosseurs et au souscripteur, il doit le faire par un seul exploit dont une copie est remise à chaque individu ; s'il faisait plusieurs actes, tout ce qui excéderait les frais du seul acte qu'il aurait dû faire, serait frustratoire.

*Par exemple* : Pour le même titre, un huissier de Paris a un protêt à dénoncer avec assignation à deux endosseurs et au souscripteur ; l'un demeure aux Batignolles-Monceaux, l'autre à Gentilly et un autre à Paris ; il ne doit faire qu'un seul original et en délivrer les trois copies le même jour. Dans ce cas, il ne lui est dû aucune course, seulement, le coût de l'acte comme je vais l'expliquer dans le détail, et ce, par le motif que Batignolles-Monceaux et Gentilly ne sont pas à six kilomètres de la cathédrale de Paris.

Il y a des huissiers qui souvent laissent passer le jour de l'audience fixé par la dénonciation du protêt avec assignation, sans faire prendre jugement, à l'effet d'avoir occasion de signifier une assignation en procédant.

Cet acte est frustratoire, et les frais doivent rester à la charge de l'huissier, à moins que le débiteur n'ait sollicité un délai et que le créancier n'ait autorisé l'huissier à le lui accorder ; mais encore faut-il que ce délai soit moral.

Si le créancier n'a point autorisé son huissier à accorder de délais au débiteur et que ce créancier soit obligé de payer les frais, il ne peut être tenu de payer les actes en procédant qu'il a plu à son huissier de faire sans son autorisation. (*Voyez mon traité sur les Tarifs des huissiers*, page 292.)

---

## OBSERVATIONS SUR LA DÉNONCIATION DU PROTÊT AVEC ASSIGNATION.

Le coût de cet acte s'établit de la manière suivante :

Pour l'assignation, les émoluments en sont fixés par l'article 29 du tarif, paragraphe 15. (*Voyez cet article ci-après.*)

Et pour la copie du protêt donné en tête de

la copie de l'acte d'assignation, *le droit* de cette copie de protêt comme pour toutes les copies de pièces que les huissiers signifient en tête de leurs actes, est fixé par l'article 28 du tarif *rapporté dans cet ouvrage à la page* 39. Voyez cet article et les explications, dans lesquelles j'ai démontré ce qui est dû par rôle aux huissiers pour les copies de pièces, et en outre, que la copie du protêt, du titre et des endossements ne contient pas plus de trois rôles d'expédition.

Les explications que je donnerai à la suite du détail du coût de la dénonciation de protêt avec assignation, mettront les commerçants à même de trouver ce qu'est dû aux huissiers pour de pareils actes, quel que soit le nombre d'endosseurs et de souscripteurs auxquels le protêt aura été dénoncé.

### ARTICLE 29 DU TARIF, PARAGRAPHE 15.

**Pour l'original d'une assignation au Tribunal de commerce :**

| | | |
|---|---|---|
| Pour les huissiers qui demeurent dans Paris . . . . . . . . , | 2 fr. | » c. |
| Et pour les huissiers des cantons ruraux du département de la Seine . | 1 | 50 |

Pour chaque copie le quart de l'original.

## DÉTAIL DU COUT DE LA DÉNONCIATION DE PROTÊT AVEC ASSIGNATION.

*Pour les huissiers qui demeurent dans Paris.*

| | | |
|---|---|---|
| Une copie du titre, endossements et protêt, trois rôles . . . . . . | » fr. | 75 c. |
| Émoluments de l'original d'assignation . . . . . . . . . . . | 2 | » |
| Une copie de l'original, le quart . . | » | 50 |
| Papier pour l'original et la copie . | » | 70 |
| Enregistrement de l'exploit . . . | 2 | 20 |
| Coût, *pour une seule personne* | 6 fr. | 15 c. |

Nota. — **Si la dénonciation du protêt était faite par copie séparée à plusieurs personnes endosseurs ou souscripteurs, il faudrait ajouter à ce détail *par chaque personne* ( non compris la première dont tous les frais sont portés dans le détail), savoir : 75 centimes pour la copie du titre, endossements et protêt ; 50 cent. pour une copie de l'original et 35 centimes pour le papier de cette copie ; en tout 1 fr. 60 c. Ce qui porte le coût :**

| | | |
|---|---|---|
| Pour deux personnes assignées par copie séparée, à . . . . . . . | 7 fr. | 75 c. |
| Pour trois personnes assignées id. à | 9 | 35 |
| Pour quatre personnes assignées id. à | 10 | 95 |

et ainsi de suite, en ajoutant 1 fr. 60 c. par personne, c'est-à-dire, par copie.

On trouve dans Paris des exploits de dénonciation de protêt avec assignation dont le coût est plus élevé que ceux fixés ci-dessus, quoique pour un pareil nombre de personnes assignées ; c'est que l'huissier a trop évalué les copies du protêt, titre et endossements dans le coût de l'acte, et il y en a qui y portent encore de prétendus droits qui ne leur sont point dus, tel que droit de répertoire, etc.

Puis ces mêmes huissiers, lorsqu'ils font les dénonciations de protêt hors barrières, portent en outre un droit de *transport ou course de* 4 *fr.*, lors même que la commune ne serait pas à six kilomètres de la cathédrale de Paris. (*Voyez* 6e *Abus*, page 28.)

De manière que le coût de leurs exploits de dénonciation de protêt qui ne devrait s'élever qu'à 6, 7, 8, 9 et 10 francs et des centimes, suivant le nombre des personnes assignées, ils le portent à 11, 12, 14, 16 et 18 francs et des centimes.

*Pour les huissiers des cantons ruraux du département de la Seine.*

| | | |
|---|---|---|
| Une copie du titre, endossements et protêt, trois rôles . . . , . . | » fr. | 60 c. |
| Émoluments de l'original d'assignation | 1 | 50 |
| Une copie de l'original, le quart . . | » | 38 |
| *A reporter.* . . | 2 fr. | 48 c. |

| | | |
|---|---|---|
| *Report.* . . | 2 fr. | 48 c. |
| Papier pour l'original et la copie . | » | 70 |
| Enregistrement de l'exploit . . . | 2 | 20 |
| Coût *pour une seule personne* | 5 fr. | 38 c. |

Nota. — Si la dénonciation du protêt était faite par copie séparée à plusieurs personnes, comme je l'ai dit plus haut, il faudrait ajouter à ce détail par *chaque personne* (non compris la première, dont ses frais sont portés dans le détail), savoir : 60 centimes pour la copie du titre, endossements et protêt; 38 centimes pour une copie de l'original, et 35 centimes pour le papier de cette copie; en tout 1 franc 33 centimes.

Ce qui porte le coût :

| | | |
|---|---|---|
| Pour deux personnes assignées par copie séparée à. . . . . . . | 6 fr. | 71 c. |
| Pour trois personnes assignées id. à | 8 | 04 |
| Pour quatre personnes assignées id. à | 9 | 37 |

Et ainsi de suite, en ajoutant 1 fr. 33 c. par personne, c'est-à-dire par copie.

Nota. — Mais comme les huissiers des cantons ruraux du département de la Seine perçoivent, *contrairement au tarif*, les mêmes émoluments que les huissiers qui demeurent dans Paris (*Voyez*

4e *Abus*, page 21), il en résulte que le coût de leurs exploits de dénonciation de protêt qui ne devrait s'élever qu'à 5, 6, 7, 8 et 9 fr. et des centimes, s'élève, quand ils portent 4 fr. de course, comme ceux des huissiers de Paris dont j'ai parlé, à 11, 12, 14, 16 et 18 fr. et des centimes (*Voyez* 6e *Abus*, page 28), où j'ai indiqué toutes les communes du département de la Seine sur le territoire desquelles les huissiers de cantons ne peuvent exiger une indemnité de transport ou de course.

FIN.

# TABLE DES MATIÈRES.

## PREMIÈRE PARTIE.



## DEUXIÈME PARTIE.

## TROISIÈME PARTIE.



FIN DE LA TABLE.

# OUVRAGES DU MÊME AUTEUR.

LES TARIFS DES HUISSIERS en matière civile, commerciale, etc., etc., *expliqués, commentés et raisonnés* selon les Lois, Décrets, Ordonnances et Avis du Conseil d'Etat ; les Arrêts de la Cour de Cassation et des Cours Royales, et l'opinion des auteurs ; précédés des Lois sur le timbre, l'enregistrement, etc., etc.; suivis des moyens *de connaître et d'arrêter les abus et les exactions* que des huissiers commettraient dans leurs fonctions, et du Tableau des distances légales du département. Cet ouvrage a nécessité deux tables très-détaillées, dont l'une, *en forme de dictionnaire*, évite les recherches dans le livre ; elle présente sous chaque mot les questions qui s'y rattachent, et celle dont on a besoin se trouve résolue à la page qu'elle indique.— Un gros v. in-12, prix, broché. . . . . . . . . . . 5 fr.

Nota : *Cet ouvrage, d'une utilité publique, a reçu les suffrages de MM. les Magistrats.*

NOUVEAUX TARIFS DU CAPITALISTE ET DE L'EMPRUNTEUR, ou Tableaux présentant l'intérêt à cinq et à six pour cent de toutes sommes, pour un nombre quelconque de jours et d'années. Prix, broché. . . . . . . . . . . . . . 2 fr. 50 c.

MÉTHODE UNIQUE, EN TABLEAUX SYNOPTIQUES, pour établir les distributions par contribution. (*On fera en deux heures avec elle, ce qu'on ne ferait pas en deux jours sans elle*); trois grands Tableaux, dont deux collés sur carton. Papier grand-raisin. Prix. . . . . . . . . . . . . 4 fr. 50 c.

PARIS.—IMPRIMERIE DE J. SMITH.

www.ingramcontent.com/pod-product-compliance
Ingram Content Group UK Ltd.
Pitfield, Milton Keynes, MK11 3LW, UK
UKHW020354180726
13839UKWH00003B/1096